LA GUERRE

PAR F. V.

1° LES FAITS. — 2° GUILLAUME.
3° NAPOLÉON. — 4° LES ROIS.
5° LA RÉPARATION.

PARIS
E. LACHAUD ÉDITEUR
4, PLACE DU THÉATRE-FRANÇAIS, 4.
1871

LA GUERRE

LA GUERRE

PAR F. V.

I. Les Faits. — II. Guillaume. — III. Napoléon.
IV. Les Rois. — V. La Réparation.

PARIS
E. LACHAUD, ÉDITEUR
4, PLACE DU THÉATRE-FRANÇAIS, 4

1871

LA GUERRE

I

LES FAITS

Ne connaissez-vous pas un vallon solitaire,
Caressé par la brise, habité par les fleurs,
Où l'on puisse oublier le reste de la terre,
Le passé, le présent, la guerre et ses horreurs?

Où l'on puisse oublier ceux qu'on hait, ceux qu'on aime,
Les peuples et les rois, les fous et les méchants,
Les lâches, les héros, la patrie elle-même,
Sanglante, humiliée avec tous ses enfants?

Si vous le connaissez, oh ! dites, que j'y vole,
M'ensevelir vivant au tombeau de l'oubli :
Je ne puis du vainqueur contempler l'auréole,
Dont l'éclat est pourtant par le crime affaibli.

Vous ne répondez pas? Faut-il à sa mémoire
Malgré soi confier un pareil souvenir?
Qu'une page sans nom s'ajoute à notre histoire,
Sans pouvoir la soustraire aux yeux de l'avenir ?

Nos petits-fils, lisant cette page sanglante,
Croiront de leurs aïeux le bon sens obscurci.
Aux barbares du Nord, quoi ! la France expirante,
Après six mois de lutte, a dû crier merci !

La France ! jusqu'alors en héros si féconde,
Qui sous tous les climats a cueilli des lauriers,
Dont le drapeau vainqueur a fait le tour du monde.
La France n'a pas pu défendre ses foyers !

Elle a, depuis six mois, subi tous les outrages
D'un vainqueur sans pitié, qui s'avançait toujours,
Semant sur son chemin la mort et les ravages,
Sans que rien du torrent pût arrêter le cours!

Elle a vu, tour à tour, tomber ses places fortes :
Strasbourg, Toul, Metz, Belfort, ses premiers boulevards ;
Les obus et la faim partout forçant les portes
En tuant l'habitant sans toucher aux remparts!

Paris même, Paris, le rendez-vous du monde,
Le foyer du talent, de l'esprit et du goût,
Après quatre longs mois de misère profonde,
La ville aux douze forts n'a pu rester debout !

Sa chute a terminé cette lutte sauvage
Sans assouvir, hélas! la soif de ces pillards :
Après s'être repus de sang et de carnage,
Ces vautours altérés s'abreuvent de milliards.

Il leur faut plus encore, il leur faut des provinces;
De la France tombée il leur faut un lambeau :
Bismarck ne serait point rangé parmi les princes
S'il ne se distinguait par ce crime nouveau.

Ce n'était point assez d'entasser les ruines,
Contre le droit des gens d'écraser nos palais :
Il faut, pour couronner de honteuses rapines,
A nos frères du Rhin ravir le nom français !

Eh bien ! arrachez-nous la Lorraine et l'Alsace,
Frappez-nous bien au cœur, apaisez votre faim,
Monstres, qui voudriez qu'une seule besace
Nous restât pour aller mendier à Berlin !

Guillaume, remplis bien de nos riches dépouilles
Ces nombreux chariots partant pour l'étranger :
Tu laisseras bien plus, sur le sol que tu souilles,
De cœurs pour te haïr, de bras pour nous venger.

II

GUILLAUME

Qui donc a provoqué cette guerre incroyable,
Qui souleva d'horreur le monde tout entier?
Qui donc devant l'histoire en sera responsable ?
Est-ce la France ou toi, Guillaume au cœur d'acier?

Ecoute, dans les faits la réponse est écrite;
Le masque du prétexte est enfin déchiré :
Les faits ont démenti ta parole hypocrite,
Et le crime revient à qui l'a préparé.

La France était en paix avec l'Europe entière,
Vivait sans défiance auprès des Allemands,
Des libertés qu'elle aime attendait la lumière,
De la Prusse en amis accueillait les enfants.

Aux progrès du travail appliquant sa richesse,
La France y conviait ses nombreux ouvriers,
Rêvant pour chacun d'eux une heureuse vieillesse,
Et ne croyant plus même aux combats meurtriers.

La France y conviait tous les peuples du monde,
Aux rives de la Seine appelait leurs produits,
Établissait entre eux une lutte féconde,
Dont Berlin, comme nous, devait cueillir les fruits.

Ne te souvient-il plus de ce tournoi splendide,
Unique jusqu'alors, visité par les rois,
Que toi-même, ô Guillaume, en ton âme perfide,
Tu voulus, comme un autre, applaudir de la voix ?

Tu vins pour écarter les soupçons de la France,
Pour jeter sur Paris ton regard d'épervier :
Car, de la Prusse à nous en voyant la distance,
Déjà tu souriais à tes canons d'acier.

Au gré de tes désirs la France trop vantée,
Son commerce, ses arts, son passé, sa splendeur,
Dans les conseils des rois sa voix trop écoutée,
Déjà depuis longtemps avaient blessé ton cœur.

Aussi que faisais-tu sur l'Elbe et la Baltique,
Avec ton vieux de Moltke et ton damné Bismarck,
Depuis qu'à Sadowa ta main diabolique
Avait brisé l'Autriche après le Danemark ?

Cinquante ans de progrès n'ayant pu dans ton âme
Étouffer les ardeurs de ton ambition,
D'un complot infernal tu préparais la trame,
Pour tuer d'un seul coup la Grande Nation.

Former un seul faisceau des peuples d'Allemagne ;
Leur montrer sur le Rhin un factice danger ;
Te poser à leurs yeux en nouveau Charlemagne,
Réveiller dans leurs cœurs des revers à venger ;

Leur parler d'Iéna, d'Ulm et de Ratisbonne,
Pour rallumer en eux le désir des combats ;
Pour placer sur ton front une antique couronne,
De tous les Allemands faire autant de soldats ;

Armer, discipliner tes cohortes, nombreuses
Comme les grains de sable au bord de l'Océan ;
Derrière elles lever ces colonnes fangeuses
De bandits et d'escrocs, dignes de Gengis-Khan ;

Amasser des engins de mort et de ruine,
Fondre plus de canons que dix autres États,
En système ériger le vol et la rapine,
Décréter contre nous mille autres attentats ;

De bandes d'espions empoisonner nos villes,
Serpents qui se glissaient jusque sous l'humble toit;
Colorer tes projets de prétextes habiles,
Proclamer que la force est au-dessus du droit;

Des autres nations acheter le silence,
Faire avec la Russie un pacte clandestin;
Être insensible à tout, aux cris de la souffrance,
Aux sanglots de la veuve, aux pleurs de l'orphelin;

Enfin, quand tout fut prêt, de douze cent mille hommes
Inonder notre sol, surpris, épouvanté,
Sache-le bien, Guillaume, à l'époque où nous sommes,
C'est un crime, vois-tu, de lèse-humanité!!!

Va, ce Dieu de bonté que ta bouche blasphème
Ne bénira jamais les mortels scélérats :
Ce Dieu, tu le sais bien, il commande qu'on s'aime,
Et pour s'entre-tuer on ne l'invoque pas!

III

NAPOLÉON

Toi, monarque tombé dans le sang et la boue,
Comme un ver écrasé sous le pied d'un Titan ;
Toi, sans remords au cœur, sans larmes sur la joue,
Qui t'éloignas maudit des plaines de Sedan ;

Toi qui régnas vingt ans sur cette pauvre France,
Qui t'a, dans ses scrutins, par trois fois acclamé,
Qui ne t'a marchandé ni l'or ni la puissance,
Qui voyait dans ton fils son enfant bien-aimé ;

Qu'as-tu fait de ce nom, créé par le génie,
Qu'on lira désormais : lâcheté, trahison?
Qu'as-tu fait, réponds-moi, de ma chère patrie,
Dont les maux sont si grands qu'ils troublent sa raison?

Qu'as-tu fait de son or, qu'as-tu fait de sa gloire,
De son sang généreux, de son intégrité?
Va, ton règne est flétri! l'inexorable histoire
Le montrera du doigt à la postérité!

N'as-tu pas vu, dis-moi, de loin venir l'orage?
N'as-tu pas vu la Prusse à tes côtés grandir?
N'as-tu point entendu la voix prudente et sage
De Stoffel, te disant : « Prends garde, il faut agir »?

Pourtant de Sadowa tu sentis la menace :
A ce mot sur ton front ta couronne a frémi;
Puis, comme au souvenir d'un rêve qui s'efface,
Tu t'es mis à sourire, et tu t'es rendormi!

Et pendant qu'à Berlin on travaillait sans cesse,
Que de Moltke apprêtait ses nombreux bataillons,
Faisant étudier tes fautes, ta faiblesse,
Tu vivais à Paris dans tes illusions!

Tu vivais rassuré par ce mot d'invincible
Dans lequel se drapaient ton orgueil et ton nom.
Pouvait-il à la peur se montrer accessible,
L'héritier des talents du grand Napoléon ?

Tu vivais au milieu d'un cercle de mollesse,
De flatteurs achetés, d'agréables catins,
Cherchant à rajeunir ta précoce vieillesse,
Et croyant de la France accomplir les destins!

Ton empire était creux de la base à la cime;
Il n'avait qu'un éclat factice, mensonger;
En aveugle il marchait sur le bord d'un abîme,
Et n'avait de talents que celui d'émarger.

Du scandale d'en haut l'action délétère
De degrés en degrés arrivait jusqu'en bas.
Sans scrupule on puisait aux caisses de la guerre.
Sauf à diminuer l'effectif des combats.

Mais Bismarck savait tout. En roué politique,
Il te prenait soudain dans un piége grossier :
En montrant à ton cœur un danger dynastique,
Il te fit dans l'arène élancer le premier

Quelle aberration la puissance abusive
D'un monarque enivré ne produit-elle pas !
La France par ta voix devenait agressive,
Quand à peine elle avait trois cent mille soldats !

Et c'est au lendemain d'un jour de confiance,
Quand le pays comptait que paix et liberté
D'un docile scrutin seraient la récompense,
Qu'aux hasards des combats tu l'as soudain jeté !

Je sais bien que Guillaume était prêt à la lutte,
Qu'au prétexte bientôt un autre eût succédé;
Mais doit-on de sa main accélérer sa chute,
Quand l'instant peut au moins en être retardé?

Doit-on précipiter son pays dans un gouffre,
Et plonger dans son cœur un homicide acier?
Doit-on?... Mais c'est assez, pour la France qui souffre,
Tu n'es plus qu'un bandit et qu'un aventurier!...

IV

LES ROIS

Ainsi toujours des rois la puissance funeste
De la France a causé la honte et le malheur.
Quand une fois de plus un désastre l'atteste,
En conserverons-nous le souvenir au cœur?

Nous faudra-t-il encore un autre cataclysme
Pour dessiller nos yeux trop longtemps abusés?
Il ne faudrait pourtant que du patriotisme
Pour reconnaître enfin que les rois sont usés.

De leur indignité nos annales sont pleines :
Cupides, entêtés, quand, par l'âge affaiblis,
Sur leur tête ils ont vu s'accumuler nos haines,
Ils s'en vont le cœur vide et les coffres remplis.

Pour tromper dans l'exil l'orgueil qui les dévore,
Ils s'en vont, entourés de quelques courtisans
Répétant chaque jour : « Sire, espérez encore,
En France nous avons de nombreux partisans. »

Ils s'en vont de notre or faire un usage impie,
Contre notre repos sans cesse conspirer,
Et, pour être toujours traîtres à leur patrie,
Payer des malfaiteurs pour nous déshonorer.

Oh ! oui, leur main est là dans nos moments de trouble ;
Dans l'ombre je la vois promener un tison.
Je les reconnais bien à leur conduite double,
Pour s'offrir en sauveurs allumant la maison.

Les rois se comprenaient, du moins, au moyen âge.
Quand barons et seigneurs écrasaient de leur poids
Le peuple gémissant sous un dur esclavage,
Je comprends que la France ait acclamé ses rois :

En s'appuyant sur elle, ils ont fait disparaître
L'hydre qui nous tenait dans ses plis enlacés.
La besogne achevée, ils n'ont plus raison d'être :
Qu'ils meurent en exil, nous en avons assez.

Assez de fleurs de lis, d'aigles impériales;
Assez de coqs gaulois, de symboles trompeurs,
De cortéges brillants, de majestés rivales,
Qui, sans nous rien donner, vivent de nos sueurs.

Les rois sont déclassés depuis la grande époque
Où nous avons conquis franchises, liberté.
Ils n'ont vécu depuis que sur une équivoque :
Car un roi c'est un maître à perpétuité.

Comment concilier ces erreurs d'un autre âge,
Les rois enfants, vieillards, restes du droit divin,
Avec le droit nouveau, l'universel suffrage,
Et de la nation le pouvoir souverain ?

Quand un corps dangereux entre dans l'organisme,
Trouble les fonctions, dérange les ressorts,
La nature, attentive au jeu du mécanisme,
Pour expulser l'intrus combine ses efforts.

Les rois sont des intrus dangereux pour la France,
Troublent le libre jeu des institutions,
Démontent les ressorts qui gênent leur puissance,
Et puis sont expulsés aux révolutions.

Depuis Quatre-vingt-neuf, France, voilà leurs rôles ;
Et toi, souffrir par eux est ton unique lot,
Lorsque tu ne vas pas, chancelant sur tes pôles,
T'abîmer à Sedan ou bien à Waterloo.

Pour te sauver encor des bras de l'anarchie,
O France, ne va pas demander leur retour !
Entre le despotisme et la démagogie,
Ne va pas osciller jusqu'à ton dernier jour !

Car, pour cicatriser ta blessure profonde,
Il te faut de l'épargne et de la liberté,
Non celle qui détruit, mais celle qui féconde
Et répare les maux d'un règne détesté.

V

LA RÉPARATION

La réparation ! c'est le devoir suprême
S'imposant désormais à nos cœurs ulcérés ;
C'est le recueillement, c'est l'oubli de soi-même,
Pour ne voir que la France et ses flancs déchirés.

C'est le travail pour tous, pour tous c'est la souffrance ;
C'est la privation assise à notre seuil
Pendant vingt ans peut-être ; et puis c'est la vengeance,
C'est la Prusse à nos pieds, ou la Prusse au cercueil.

Français, nous le pouvons; la tâche est grande et belle;
Sous ce noble drapeau nous devons nous ranger,
Et, pour nous mettre à l'œuvre, apaiser la querelle
Qui nous souille encor plus que le joug étranger.

Toi, Paris affolé, dépose tes colères,
Retourne à ton travail trop longtemps déserté;
Et nous, épargnons-lui des larmes trop amères:
Inaugurons enfin l'ordre et la liberté.

C'est là qu'est le salut. Sous cette double égide
Nous pouvons marcher droit au sentier du devoir.
L'autorité de tous est-elle moins solide
Que celle d'un monarque abusant du pouvoir?

De l'ordre social pour fondre les assises,
Livrons aux préjugés les plus rudes combats;
Si du mal l'ignorance a permis les surprises,
Éclairons au plus tôt les assises d'en bas.

Qu'une éducation virile, salutaire,
S'empare de l'enfant au sortir du berceau ;
Pour qu'il reste soumis à sa main tutélaire,
Avec soin de la femme élevons le niveau.

Ainsi, le fils aura l'amour de la patrie ;
Il saura qu'il lui doit du cœur et des talents,
Et souffrant avec elle, et vivant de sa vie,
Pour la venger un jour, s'armera jusqu'aux dents.

Alors, oh ! je te plains, Allemagne cruelle,
Qui n'as pas du vaincu ménagé la douleur :
Tu paieras de nos maux la dernière parcelle;
D'un peuple libre et fort tu sauras la valeur.

Nous n'avons succombé qu'à la force inouïe
Du nombre et des canons : nous les aurons alors,
Et nous aurons toujours cette antique furie
Dont tu connais le poids, si tu comptes tes morts.

Oh! oui, nous vengerons nos bourgades rasées,
Nos familles en deuil, nos villages détruits,
Nos frères sous le joug, nos villes écrasées,
Et comme des forçats nos prisonniers conduits.

En attendant ce jour, pour soulager ma peine,
Je dirai ces forfaits à mes petits-enfants.
Moi qui prêchais l'amour, je prêcherai la haine,
La haine de la Prusse et celle des tyrans!

TABLE

PARIS

IMPRIMERIE JOUAUST

RUE SAINT-HONORÉ, 338

9402 — Paris, Imp. Jouaust, rue S.-Honoré, 338.

www.ingramcontent.com/pod-product-compliance
Lightning Source LLC
LaVergne TN
LVHW010010230826
846092LV00002B/738

* 9 7 8 2 3 2 9 6 4 9 2 2 1 *